AF250576

LA QUESTION

DU

MANDAT DE L'ASSEMBLÉE

PARIS. — IMPRIMÉ CHEZ JULES BONAVENTURE,

55, QUAI DES GRANDS AUGUSTINS.

LA QUESTION

DU

MANDAT DE L'ASSEMBLÉE

PAR

F.-V. ROUSSEL, des Ayes, & CH. CAILLOUÉ, Avocat

PARIS

CHEZ TOUS LES PRINCIPAUX LIBRAIRES

Reproduction interdite.

LA QUESTION

DU

MANDAT DE L'ASSEMBLÉE

Voilà une question chatouilleuse, pour ne pas dire irritante, — question pleine d'amertume pour quelques-uns et pleine d'assurance pour le plus grand nombre.

Nous l'avions nous-mêmes déjà envisagée sous son aspect le plus spécieux et le plus saisissable, le lendemain de la signature du traité *de Francfort*, dans le moment où cette grave question ne pouvait manquer de produire bien des malentendus, — et nous avions tout naturellement incliné du côté de la conclusion la plus facile, mais qui pour cela n'était pas la plus vraie. — C'est pourquoi nous croyons de notre devoir, aujourd'hui que l'opportunité nous ramène sur ce sujet, et que l'atmosphère politique est plus calme, de l'examiner de nouveau, non plus sous ses apparences les plus saisissables, mais dans ses détails les plus intimes, pour la dépouiller, s'il est possible, de ses difficultés et l'exposer à nu, dans sa réalité vraie, telle que la logique la plus impartiale et la plus indépendante doit démontrer un simple fait historique.

Nous disons donc :

Quel est le mandat de l'Assemblée et comment doit-il expirer ?

Pour répondre pertinemment sur un sujet de cette importance, ne faut-il pas remonter à l'origine des faits, suivre leur enchaînement et les circonstances qui les ont produits ?

Or, l'origine du fait de l'Assemblée n'est-elle pas tout entière dans la trop mémorable journée du *quatre septembre;* dans cette journée qui a vu les représentants de la nation abdiquer, et sans protestation (une seule exceptée), le mandat de gestion de ses affaires que la France leur avait confié dans ses jours de prospérité et de grandeur (au moins apparente), l'abdiquer au jour de ses malheurs et de ses défaillances ?

Oui..., c'est là, disons-nous, c'est là qu'est la véritable origine de l'Assemblée qui siège en ce moment à Versailles.

C'est là, parce que, à partir de ce jour, la France n'eut plus de représentants, à moins que l'on ne considère le *Comité de l'Hôtel-de-Ville* comme l'héritier légitime des pouvoirs du corps législatif, ce qui n'est pas admissible, puisque ce comité n'a jamais eu lui-même cette prétention ; puisqu'il ne fit que relever un pouvoir tombé, captif et fugitif ; puisqu'il s'intitula simplement pouvoir ou gouvernement provisoire, *Gouvernement de la Défense nationale ;* puisqu'en un mot, il n'est pas possible d'admettre qu'un conseil de ministres puisse se substituer à un Corps législatif.

Le 4 septembre, la chambre resta donc simplement vacante, tandis que le Gouvernement passait provisoirement dans les mains d'un comité.

D'autre part, qu'arrivait-il ?... La série de nos malheurs croissait dans des proportions effrayantes ; partout s'affirmait un déraillement général dans le mouvement de nos affaires, une interruption ruineuse dans nos plus importantes relations commerciales et financières, une souffrance intolérable dans l'agriculture elle-même, un trouble profond dans les fonctions les plus essentielles de notre organisation militaire, civile et administrative ; souvent même une suspension complète de fonctionnement ; et, au regard de la politique elle-même, la France devenait presque l'équivalent d'une négation algébrique.

Il en résultait de jour en jour une situation des plus complexes et des plus inextricables..., et, n'était-ce pas dans de telles circonstances que devait naître le mandat de la nouvelle Chambre?... ou plutôt n'était-ce pas tout ce triste ensemble qui devait composer la succession d'affaires des députés démissionnaires du 4 septembre ?...

Oui... voilà d'où est issue la nouvelle assemblée .. Voilà quelle est son origine, et quel est son berceau... Or, n'est-ce pas de cette origine et de l'ensemble des circonstances qui l'entourent, que doit se déduire la nature de son mandat ? Et pourrait-on jamais songer à puiser, soit dans l'*acte d'armistice* du 28 janvier, soit dans le *décret du* 29, l'origine, la nature et l'étendue de ce mandat !...

Évidemment non... puisque la convention d'armistice, signée par M. *de Bismark* et M. *Jules Favre* seuls, écarte d'elle-même tout caractère de compétence à octroyer un semblable mandat ; puisque M. Jules Favre ne tenait du Gouvernement aucune délégation dans ce sens ; puisque le Gouvernement seul pouvait avoir qualité pour convoquer une assemblée et en définir les pouvoirs.

De plus, disons-nous, on ne trouve pas davantage dans le décret du 29 janvier la définition du mandat de l'Assemblée, et, non-seulement, on ne l'y trouve pas, mais on ne peut même rien découvrir, ni dans l'ensemble ni dans le détail de son texte, rien d'où l'on puisse déduire la moindre définition, rien, pas même la moindre phrase, le moindre terme, qui autorise à croire que le Gouvernement, en rédigeant ce décret, ait eu l'intention d'attribuer à l'Assemblée, qu'il convoquait, un caractère spécial, de lui conférer un mandat *particulier et limité*. — Tandis que le contraire résulterait de la rédaction de l'article 4.

Alors, où puiser la définition que nous cherchons ? où la trouver, ailleurs que dans les pouvoirs eux-mêmes de cette chambre qui vota la guerre..., qui l'acclama..., et qui ne put rester pour conclure la paix ?... N'est-ce pas une déduction naturelle, une déduction obligée même, puisqu'il n'existe entre la vacance du 4 septembre et la reprise des affaires, par décret du 28 janvier, rien, absolument rien, ni dans l'expression des sentiments du pays, ni dans les protocoles, ni dans les conclusions des actes et décrets, rien qui rompe ou qui modifie ce lien intime de définition, ce lien naturel de transition entre le passé et le présent. Donc l'Assemblée actuelle a purement et simplement succédé, comme représentation nationale à l'ex-Corps législatif.

Cela étant posé : nous demandons *quel est le mandat de l'Assemblée de Versailles, et comment il doit expirer?*

Nous avons établi, par l'enseignement logique des faits, que l'Assemblée de Versailles ne voulait avoir d'autre mandat que celui de continuer les affaires laissées en suspens par la retraite du 4 septembre, et la nature de ces affaires n'est malheureusement que trop palpable et trop évidente pour tous :

Réglement de tout ce qui se rattache aux désastres de la guerre, votée par l'ex-Corps législatif.....

Réorganisation de tout ce qui, depuis cette fatale époque, a été désorganisé.....

Grandes questions d'intérêt public et d'urgence, laissées en suspens ....

Et le reste, dira-t-on !

Le reste, c'est-à-dire tout ce qui regardait le corps législatif ; c'est-à-dire les autres questions de sa compétence proprement dite, qu'en faites vous, puisque vous prétendez que l'Assemblée actuelle ne fait que continuer le mandat de sa devancière ?

A cela nous répondons en demandant à nos interlocuteurs ce qu'aurait pu et ce qu'aurait dû faire le Corps législatif, s'il fût resté en fonctions pendant la guerre ; et en supposant qu'il eût accepté la situation avec le gouvernement provisoire.

Or, ce qu'il aurait pu et dû faire n'est-il pas évident !

Continuer la gestion des affaires de la France, avec la seule différence qu'au lieu d'agir avec l'Empire, il eût agi avec le gouvernement provisoire.

En conséquence, traiter de la paix quand le moment est arrivé, et voter la déchéance de l'Empereur, si cela lui eût convenu ; car, remarquons-le bien : malgré l'existence d'un gouvernement provisoire, la nation n'ayant rien décrété à l'égard de l'empire, et n'ayant non plus rien sanctionné à l'égard de la forme de son gouvernement futur, il était toujours indispensable que le Corps législatif se prononçât sur la déchéance ; et, à compter de cette instant seulement, eût été modifié de lui-même son mandat, parce que dès-lors seulement il lui eût incombé d'inviter la nation à se choisir une autre forme de Gouvernement, en la manière que cela se pratique, c'est-à-dire, par la convocation et l'élection d'une *Assemblée Constituante*.

Or, qu'est-il arrivé ? exactement ce que nous disons... Seulement, au lieu d'être le fait de l'ancienne Chambre, c'est le fait de son successeur, de l'héritier naturel de ses fonctions, ou de son mandataire par substitution, comme il vous plaira mieux de l'entendre, pour éviter toute discussion sur les mots.

Sur ce, dira-t-on, fallait-il encore que cette chambre se retirât, puisqu'elle a voté la déchéance, et qu'elle appelât aussitôt la nation à élire une Constituante.—Dans le fond cela est exact, mais il y a une distinction de principe à faire :—il n'en est pas ici comme dans le cas de décès du mandant, le mandant n'est pas décédé ; car le mandant c'est *la France*... et non-seulement elle n'est pas défunte ; mais nous ne croyons nullement qu'elle soit de sitôt disposée à mourir.

En reprenant ce que nous avons dit précédemment, nous ajoutons donc ; —Que le mandat, loin d'être expiré, s'est continué au contraire, avec l'obligation, bien entendu, de laisser au pays *sa liberté*, et de provoquer au *plus tôt* le choix d'un Gouvernement ; mais aussi, avec l'obligation parallèle de terminer les affaires commencées, surtout celles urgentes, pour ne pas laisser en souffrance les intérêts du pays.

Or, quelle est cette succession d'affaires, et qu'est-ce qu'il incombe plus urgemment à l'Assemblée de régler avant de se retirer?

Nous répondons. Cette succession d'affaires a d'abord compris le traité de paix, puis le vote des emprunts et différentes lois d'intérêt, ou de réglement et d'ordre intérieur; — elle devra comprendre encore la réorganisation de nos forces militaires, de notre police, des divers services publics; la discussion et le vote d'une nouvelle loi électorale que tout le monde réclame (1);.....

Enfin des choses d'une importance telle qu'il serait absurde de les renvoyer à plus tard, parce que ce plus tard, quelque rapproché qu'il fût, serait quand même trop éloigné et laisserait, en attendant, le pays en souffrance de réformes ou d'institutions urgentes.

Et si, malgré l'évidence et la palpabilité de ces arguments de raison et de simple bon sens, il s'en trouvait qui voulussent encore que le mandat de l'Assemblée ne soit qu'un mandat spécial, un mandat restreint et limité à la question de paix ou de guerre, objet de l'article 2 de la

____

(1) Voir l'examen critique du suffrage universel par M. Roussel, des Ayes, qui vient de paraître.

convention du 28 janvier, à ceux-ci nous répondrions :...
Que, quand bien même le mandat de l'Assemblée
nationale de Versailles serait restreint à la solution de
cette question, il ne serait pas pour cela expiré ; qu'il ne
suffit pas, pour dire *Nous avons la paix,* d'avoir signé un
traité de paix ; que cette paix ne sera faite, ne sera
acquise pour nous, en ce qui la concerne, que du jour où
nous aurons satisfait aux conditions qu'elle nous impose à
l'intérieur, pour l'avoir à l'extérieur.

Or, au nombre de ces conditions, n'y en a-t-il pas une
tellement essentielle, qu'elle peut nous infliger encore
pour longtemps l'occupation prussienne ?...., Et cette
condition, n'est-elle pas celle de notre paix intérieure ?...
La Prusse ne nous a-t-elle pas déjà fait suffisamment
comprendre qu'elle considérait cette condition comme la
principale de ses garanties?... L'aggravation apportée dans
le lourd fardeau de l'occupation par l'insurrection crimi-
nelle des communeux et par l'institution de la Commune
à Paris ; l'évacuation des forts de la rive droite ajournée
indéfiniment.....

Cela n'est-il pas une preuve éloquente de la vérité de ce
que nous avançons ?..... Et, croyez-le bien, cette paix
intérieure, nous ne l'avons pas encore, et nous ne l'aurons
pas tant que *Paris* ne sera pas entièrement purgé de
l'élément étranger, de tout ce qui n'est pas parfaitement

honnête et sincèrement *Français ;* tant qu'il y aura dans nos murs un élément sur lequel pourra compter notre ennemi.

Cette opinion, déjà exprimée par l'un de nous, n'a que trop été confirmée par l'importante révélation faite à la Chambre au sujet de l'intervention étrangère dans les affaires de la Commune (1)..... Nous ne l'aurons pas cette paix tant que nous n'aurons pas reconstitué nos forces, rétabli partout, l'ordre à l'intérieur ; car, soyez en sûrs, *il y a encore une dangereuse anguille sous roche.*

Donc laissons la Chambre faire sa besogne et demandons lui seulement qu'elle en fasse de la bonne..... Qu'elle reconstitue nos finances, nos forces militaires, notre police, l'ordre intérieur, nos administrations en désarroi, en un mot : *notre force nationale.* Vouloir qu'elle se retire avant d'avoir accompli cette tâche et rempli ce devoir, ne serait-ce pas vouloir de nouveaux troubles, de nouveaux désordres, appeler sur nous de nouvelles calamités ?..... Et, d'ailleurs, la France elle-même ne vient-elle pas d'affirmer hautement, en envoyant à l'assemblée de nouveaux mandataires ? ne vient-elle pas d'affirmer, disons-nous, qu'elle entend accepter cette situation provisoire et qu'elle désire que ses mandataires qu'elle vient de compléter,

---

(1) Le 25 mars et le 20 avril dernier, M. Roussel signalait dans le *Journal de la Nièvre,* cette intervention occulte de l'Internationale et de la Prusse.

continuent leurs fonctions et nous donnent quelque temps encore — le repos — et à la vérité nous en avons besoin.

Si ce n'eût pas été son vœu, au lieu de voter et d'envoyer ce nouveau renfort à nos législateurs, ne se serait-elle pas abstenue ?... ou ne leur aurait-elle pas dit : retirez-vous... votre mandat est expiré... au lieu de 115 députés, nous voulons tout de suite une Constituante ;.... mais point du tout..... Or, n'est-ce pas là une nouvelle preuve, que le pays comprend comme nous le mandat de ses représentants ?... Ce mandat n'expirera-t-il pas d'ailleurs de lui-même, le jour où toutes les questions qui requièrent urgence auront été résolues ?...

Alors, ayant recouvré, dans le calme et dans le repos, toute sa force vitale, la France élèvera de nouveau cette belle voix, jadis si éloquente et si écoutée, pour réclamer sa constitution ;..... et alors cette voix, plus libre et plus réfléchie, parce qu'elle sera plus dégagée des impressions pénibles qui nous oppressent encore, dira avec plus d'exactitude et de vérité quels sont les vœux sincères de la nation.

Enfin..... s'il était vrai, comme cela nous est parvenu, qu'il fût dans les intentions de quelques députés, de porter à la tribune cette question de la définition et de la durée de leur mandat, nous leur dirions franchement :

« Vous avez tort, vous n'êtes pas compétents pour définir vous-mêmes vos pouvoirs, et si vous soumettez à la discussion ou à une sanction quelconque la question de votre mandat, vous vous mettez vous-mêmes en discussion ; et, non-seulement vous infirmez votre autorité, mais vous la détruisez, car si vous ne croyez pas en vous, qui voulez-vous qui puisse y croire?... *Quod Dî omen avertant!!!* »